집중력 높이는 놀이 입문
동물원
미로 찾기

01 단계

06 아프리카 코끼리
08 아르마딜로
10 웜뱃
12 늑대
14 키위
16 펠리칸
18 코뿔소
20 고슴도치
22 북극곰
24 붉은 사슴

02 단계

28 물개
30 아메리카 들소
32 사막여우
34 올빼미
36 하마
38 홍학
40 오리너구리
42 미어캣
44 타조
46 악어
48 카멜레온
50 넓적부리 황새

03 단계

54 큰부리새
56 캥거루
58 오카피
60 날쥐
62 코알라
64 갈라파고스 코끼리거북
66 알파카
68 황제펭귄
70 얼룩말
72 벵골호랑이
74 쌍봉낙타
76 일본여우
78 큰개미핥기

04 단계

82 카피바라
84 대왕판다
86 스컹크
88 말레이맥
90 고릴라
92 다이아몬드 파이슨
94 하늘다람쥐
96 표범
98 다람쥐
100 양
102 굴토끼
104 바다코끼리
106 흰머리독수리
108 사자

이 책을 잘 사용하는 몇 가지 방법에 대해 안내드립니다.

책에 소개되는 동물 그림은 모두 미로 형태로 구성되었습니다.
통과해야 할 동물 미로는 난이도별로 구분을 해두었고, 전체적으로 어렵지 않습니다.

1. 여러 번에 걸쳐 미로를 통과하고 싶다면 연필을 사용하세요. 지우개로 지우고 다시 미로 탐험에 나서도 좋습니다.

2. 색깔 펜을 사용하려면 가족에게 부탁해 복사본을 받아서 그리는 것도 좋은 방법입니다.

3. 물론 미로 탐험이 모두 끝났다면 책에 색칠을 해도 재미있겠죠.

자, 그러면 미로동물원에 입장해 볼까요~

1단계

난이도

이번 단계에
각 동물 미로를
탐험하는 시간

2분

아프리카 코끼리

서식지 아프리카

크기 약 7m

지구상의 육상동물 중에 가장 큰 동물로 지능도 높은 편이다. 하루 대부분 시간을 먹는 데 사용한다. 1일 150kg이 넘는 먹이를 먹고 100ℓ 이상 물을 마신다. 수컷은 혼자 생활하지만 암컷은 새끼들을 데리고 대규모로 무리를 지어 이동하면서 육아를 책임진다. 코끼리 상아를 노리는 밀렵과 서식지 파괴로 인해서 개체 수가 계속해서 줄어드는 상황이다.

난이도 ★☆☆☆

아르마딜로

서식지 남아프리카

크기 약 80㎝

거북 등딱지와 비슷한 띠 모양의 딱지가 등의 대부분을 덮고 있다. 보기에 독특한 모습이지만 전체적으로는 귀엽다. 위험을 감지하면 몸을 둥글게 말고 네 다리를 딱지 속에 넣어 자신을 보호한다. 집은 땅에 굴을 파서 만든다. 혼자서 생활하거나 두 마리 내지 수 마리의 작은 무리를 이루면서도 생활한다. 청각과 후각이 뛰어나 땅 속의 먹이를 냄새로 찾아낼 수 있다.

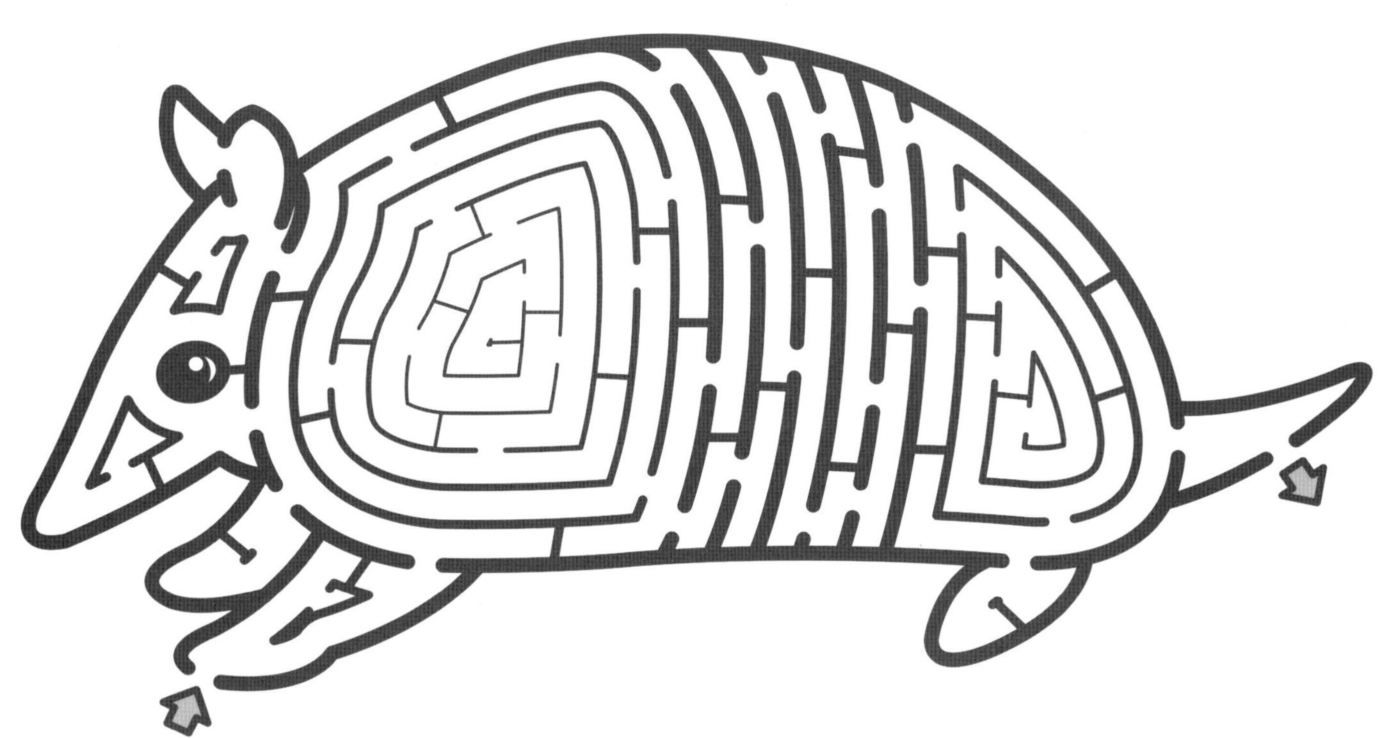

서식지 호주

크기 약 90㎝

웜뱃이라는 이름은 호주 시드니 지역에 거주하던 원주민이 붙였다고 전해진다. 포동포동한 몸이지만 다리 근육이 발달하여 시속 40㎞까지 내달린다. 강한 발톱과 설치류를 닮은 앞니로 인해 긴 굴을 파기에 적합하다. 초식동물인 만큼 풀이나 뿌리를 먹고 산다. 주로 밤이나 어스름할 때 활동하는 편이다. 적응력이 매우 뛰어나며 고산, 평원 지대 곳곳에 서식한다.

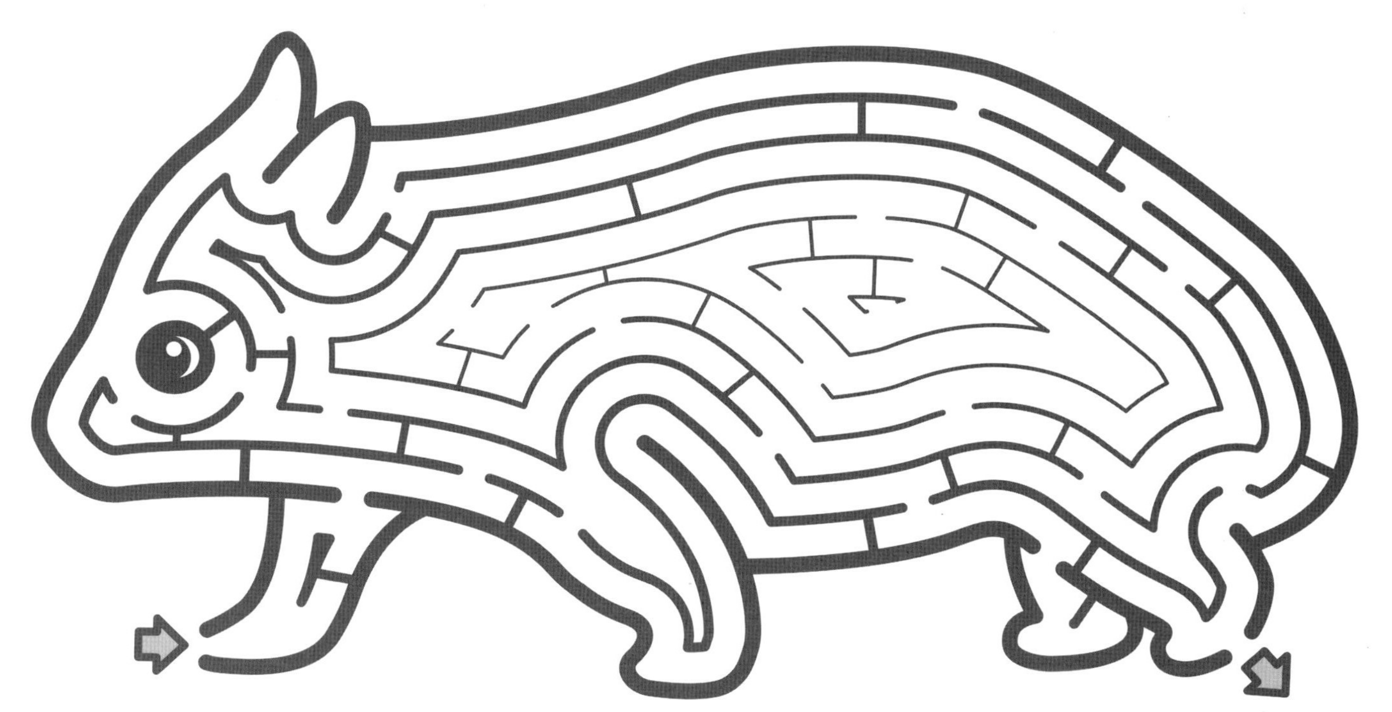

서식지: 유라시아, 아메리카

크기: 약 130㎝

늑대는 러시아 동부, 몽골, 위구르를 포함한 중국 북부 지역에 주로 서식한다. 털은 기본적으로 황갈색인데, 등 뒤로는 진한 검정색과 회색이 섞인다. 목, 가슴, 배, 다리 안쪽은 순백색이고 머리는 옅은 회갈색, 이마는 검회색을 띈다. 무리를 지어 살아가는데 서열이 있다. 꼭 몸이 크고 힘 센 수컷이 집단의 대장이 되는 것은 아니다. 현명하고 성격 좋은 늑대가 그 역을 맡는다.

키위

서식지: 뉴질랜드

크기: 약 50㎝

뉴질랜드를 상징하는 새이다. 동전, 우표, 그 밖에 중요한 생산물의 상표에도 자주 등장한다. 새이지만 날지는 못한다. 겁이 매우 많아 낮에는 쓰러진 나무 밑이나 땅굴에 숨어 있다가 밤에 먹이를 찾는다. 시력이 나빠서 주로 후각에 의존한다. 콧구멍이 부리 앞 끝 가까이에 있어 수염과 더불어 먹이를 찾는 데 큰 역할을 한다. 자기 몸의 1/4이나 되는 큰 알을 낳는다.

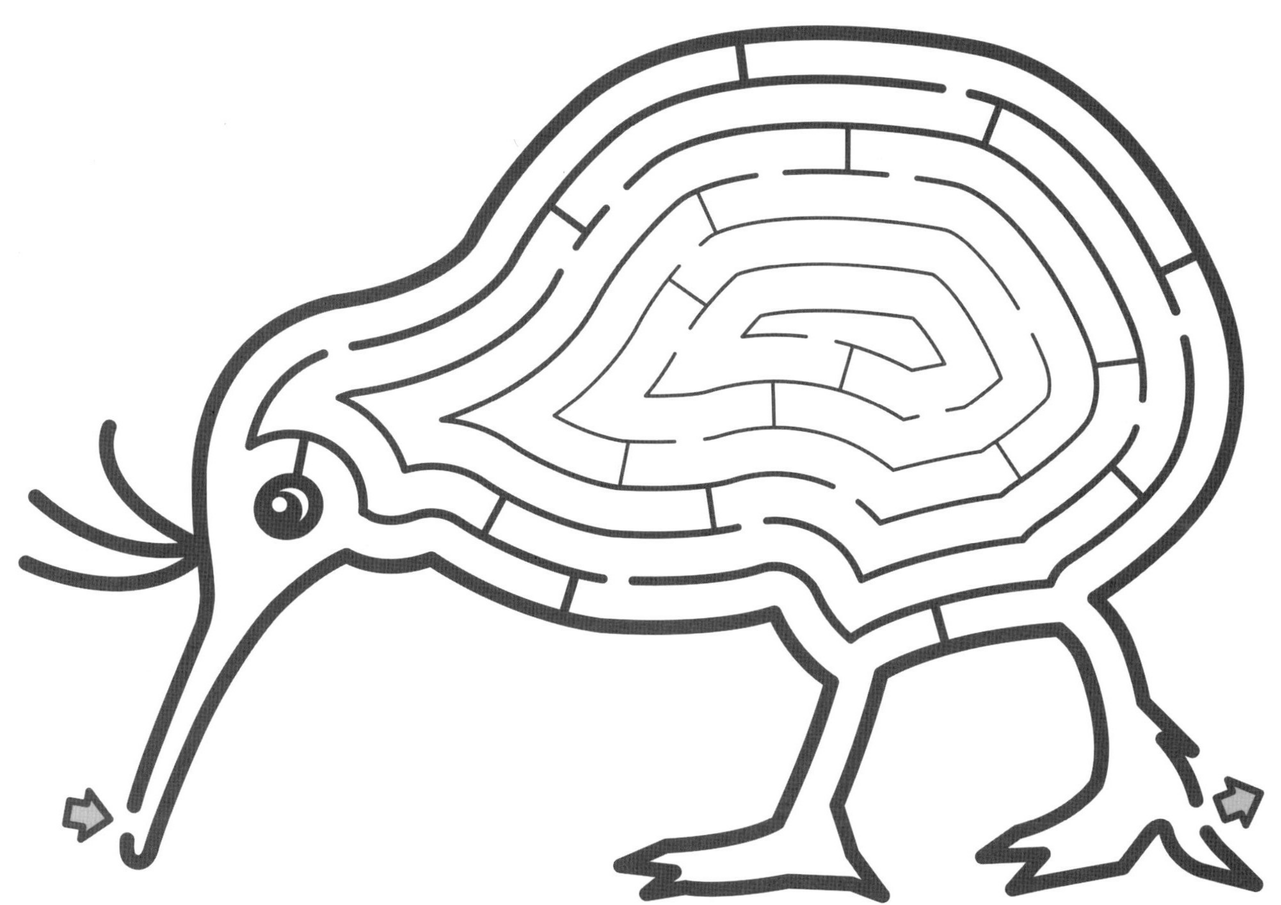

펠리칸

서식지	유럽(남동부), 몽골, 시베리아
크기	약 160㎝

큰 부리를 가진 커다란 물새다. 위쪽 부리는 각질 판으로 덮였고, 아래쪽 부리의 좌우 턱뼈 사이에 피부가 노출되어 있는 목주머니가 달렸다. 이 목주머니를 그물처럼 사용해 물속의 물고기를 바로 잡아먹는다. 여기에 최대 15ℓ(큰 페트병 10병 정도) 정도를 담을 수 있다. 날개가 크고 몸이 무거운데도 불구하고 능숙하게 비행한다.

서식지: 아프리카, 아시아 남부, 네팔 밀림지대

크기: 약 4m

1~3.6톤에 이르는 큰 몸과 뿔을 무기로 갖췄기 때문에 천적이 거의 없다. 모든 코뿔소는 대형종이지만 그중에도 흰코뿔소가 제일 몸집이 크다. 피부는 두껍고 회색·갈색·흑갈색을 띈다. 최대 특징인 뿔은 다른 동물과 구조가 완전 다르다. 뼈와 일체화된 것이 아니라 피부에 뿔이 나 있다고 이해하면 쉽다. 뿔은 암수 모두에 있고 종류에 따라 2각, 1각인 경우로 나뉜다.

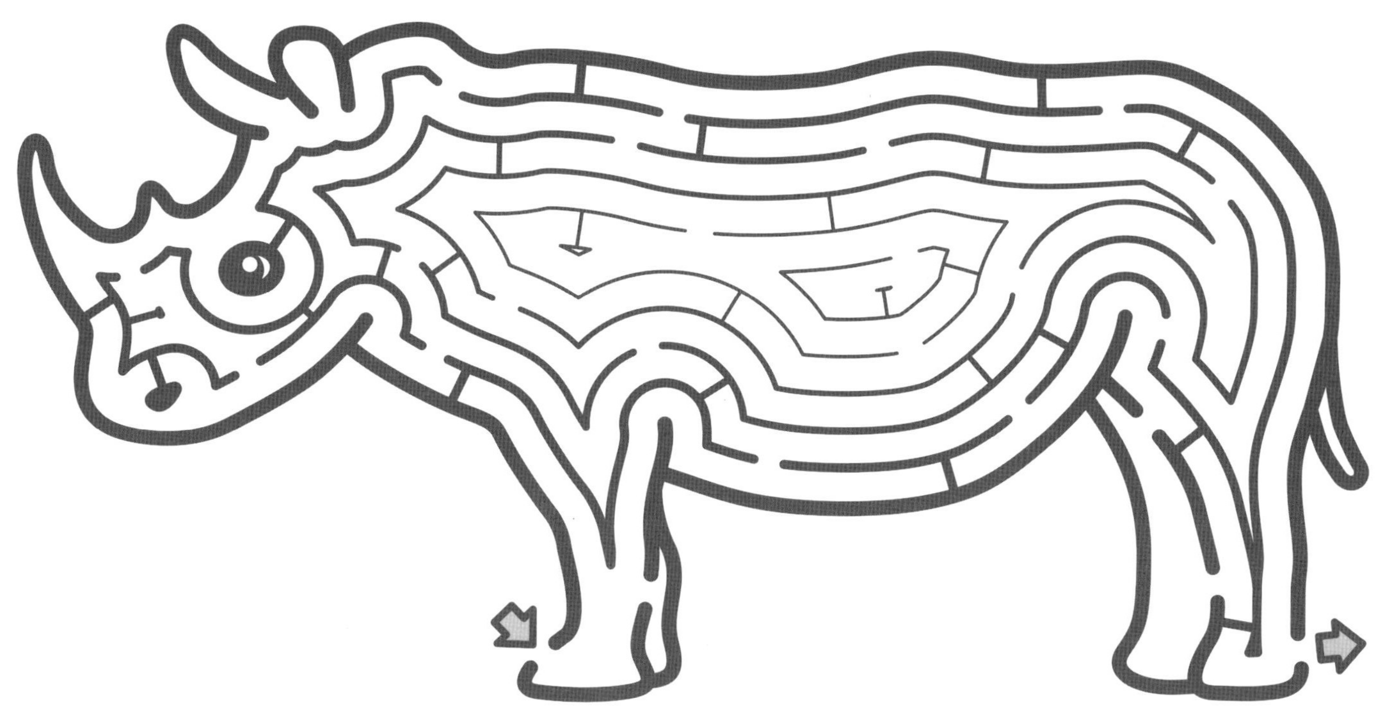

고슴도치

서식지 유라시아

크기 약 20㎝

몸집이 생각보다 제법 큰 편이다. 체모가 변형되어서 생긴 억센 가시가 몸에 돋쳐 있다. 위험에 맞닥뜨리면 네 다리를 배 부위에 모아 공처럼 몸을 둥글게 하고 등에 난 가시털로 자신을 방어한다. 다만, 얼굴 부분은 그대로 노출된다. 귓바퀴가 짧고 주둥이가 뾰족하며 발톱이 잘 발달했다. 임신 기간은 1개월로 한 배에 3~7마리 새끼를 낳는다.

북극곰

서식지: 북극(노르웨이, 시베리아 북부, 그린란드, 알래스카 등)

크기: 약 2m

빛의 반사 때문에 하얗게 보이는 털은 실제로는 투명하다. 다 자란 수컷의 몸무게는 대략 350~700kg에 이른다. 북극곰은 대부분 땅에서 태어나지만, 일생을 거의 바다에서 보낸다. 북극곰은 영하 40도 추위와 시속 120㎞ 강풍도 견뎌낸다. 몸은 단열성이 우수해 체온 손실이 거의 없다. 친근한 이미지를 갖고 있지만 실제로 북극곰은 곰 종류 중에도 가장 포악하다.

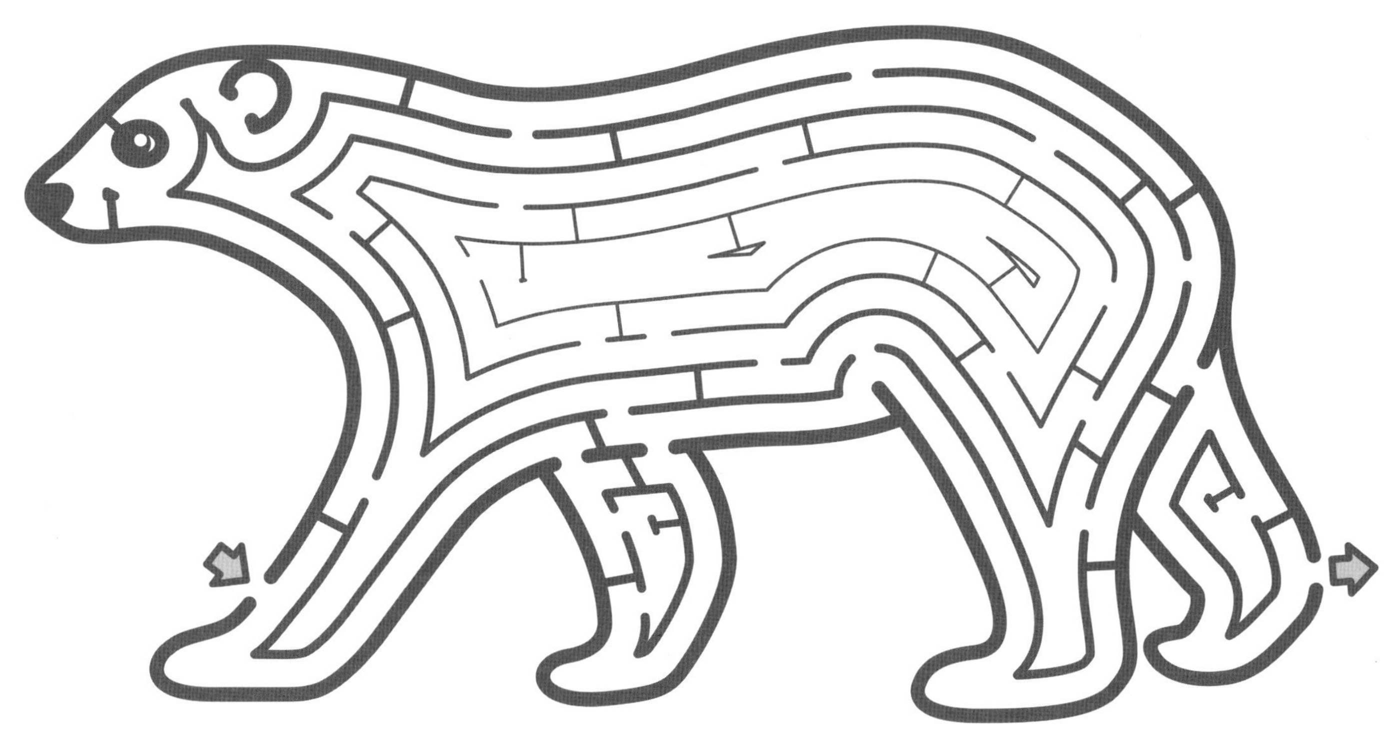

붉은 사슴

서식지 유럽, 아시아, 북아프리카

크기 약 2m

가지처럼 나 있는 뿔은 수컷 사슴의 특징이다. 뿔 안으로 혈관이 지나는 만큼 만지면 따뜻한 기운이 돈다. 청각과 후각이 예민하여 위험을 잘 포착한다. 귀는 크고 곧게 서 있어 어떤 방향에서 오는 소리인지 구별을 잘한다. 사슴은 먹이를 먹을 때나 쉴 때 항상 바람이 부는 쪽을 향한다. 이는 바람에 실려 오는 포식자의 소리를 듣고, 냄새를 맡기 위해서이다.

2 단계

난이도

이번 단계에
각 동물 미로를
탐험하는 시간

4분

물개

서식지 북태평양

크기 약 2m

수컷은 검은색 몸에 목둘레만 회색이지만, 암컷은 전부 회색을 띤다. 수컷은 암컷보다 커서 몸길이가 2m에 이르고, 몸무게는 320kg 이나 나간다. 몸은 유선형이고 네 다리 모두 물고기 지느러미 모양을 갖췄는데, 물에서 시속 25㎞의 속도를 낼 수 있다. 어류·오징어·갑각류 등을 잡아먹고 산다. 새끼는 11개월 임신기간을 거쳐 한 마리를 낳는다. 육아는 암컷이 전담한다.

아메리카 들소

서식지 북아메리카

크기 약 3m

아메리카 들소는 주로 북아메리카에 서식한다. 어깨높이 약 150㎝, 몸무게 최대 1,380㎏ 정도로 몸길이가 최대 3.8m에 달한다. 머리와 목이 크고 어깨에 혹이 있다. 아메리카 개척자들이 철도 개발에 혈안이 되었을 때 들소가 희생양이 되었다. 원주민인 인디언을 내쫓기 위해 의식주의 근본이 되는 들소 5천만 마리를 사냥했는데, 이로 인해 멸종 위기에 놓이기도 했다.

사막여우

서식지: 북아프리카

크기: 약 40㎝

주로 사막에 살고 있는 만큼 더위에 강하다. 야행성이며 잡식성이다. 크고 귀여운 귀는 열을 쉽게 내리기 위해 작동한다. 발바닥까지 복슬복슬하게 털이 난 이유는 뜨거운 사막에서 살갗이 데이는 것을 방지하기 위함이다. 대부분의 사막여우는 2~5월 사이에 2~6마리 정도의 새끼를 낳는다. 임신기간은 50일 내외이다. 먹이가 풍부할 경우 연 2회 번식도 가능하다.

올빼미

서식지 유라시아 대륙

크기 약 50㎝

야행성 맹금류로 몸이 다부지다. 보통 나무 구멍 속을 둥지로 삼아 알을 낳고 새끼를 기른다. 올빼미는 텃세가 매우 강하다. 부모를 잃은 어린 새끼는 자기 구역을 마련하지 못하면 굶주려 죽기도 한다. 시각과 청각은 조용한 비행과 야간 사냥에 특화되었다. 주변 경계를 위해 한쪽 눈만 뜨고 잠을 자는데, 뇌의 반을 기준으로 반대 방향 눈을 번갈아 사용한다.

하마

서식지 아프리카

크기 약 4m

세계에서 가장 공격적이고 위험한 동물 중 하나로 꼽힌다. 악어를 두 토막 낼 수 있을 정도다. 습도가 높은 산림의 늪지나 강 부근에 서식하는데, 하루 18시간을 물속에서 지낸다. 밤이 되면 풀을 먹으러 물 밖으로 나온다. 하마는 육지동물 중 코끼리와 코뿔소 다음으로 큰 동물로 몸길이 3.7~4.6m, 수컷 몸무게가 2.2~4.5톤이나 된다. 시속 40㎞까지 달릴 수 있다.

홍학

서식지: 남아메리카, 유럽 남부, 아프리카

크기: 약 1m

‘플라밍고(flamingo)’로도 불린다. 목이 긴데 주둥이는 중간에서 급히 아래쪽으로 구부러졌고 발에 물갈퀴가 있다. 물속을 긴 다리로 오가며 개구리, 새우 등을 잡아먹는다. 몸 색깔은 밝은 붉은색에서 옅은 분홍색까지 다양하고, 날개 끝은 검은색이다. 집단을 이루며 수천 마리가 함께 모이기도 한다. 둥지는 진흙을 쌓아 올려 만들고 암컷은 대부분 한 개의 알을 낳는다.

오리너구리

서식지 호주

크기 약 50㎝

오리를 닮은 부리, 비버를 닮은 꼬리, 수달을 닮은 발을 가진 다소 특이한 외형을 지녔다. 공룡시대부터 지구상에서 살았던 것으로 추정된다. 포유동물인데도 알을 낳는 몇 안 되는 생물이다. 알에서 태어나면 어미젖을 먹는다. 포유류 가운데 매우 드물게 독성 물질을 지니고 있는데, 수컷의 뒷발 며느리발톱과 연결된 독샘을 통해서 분출된다.

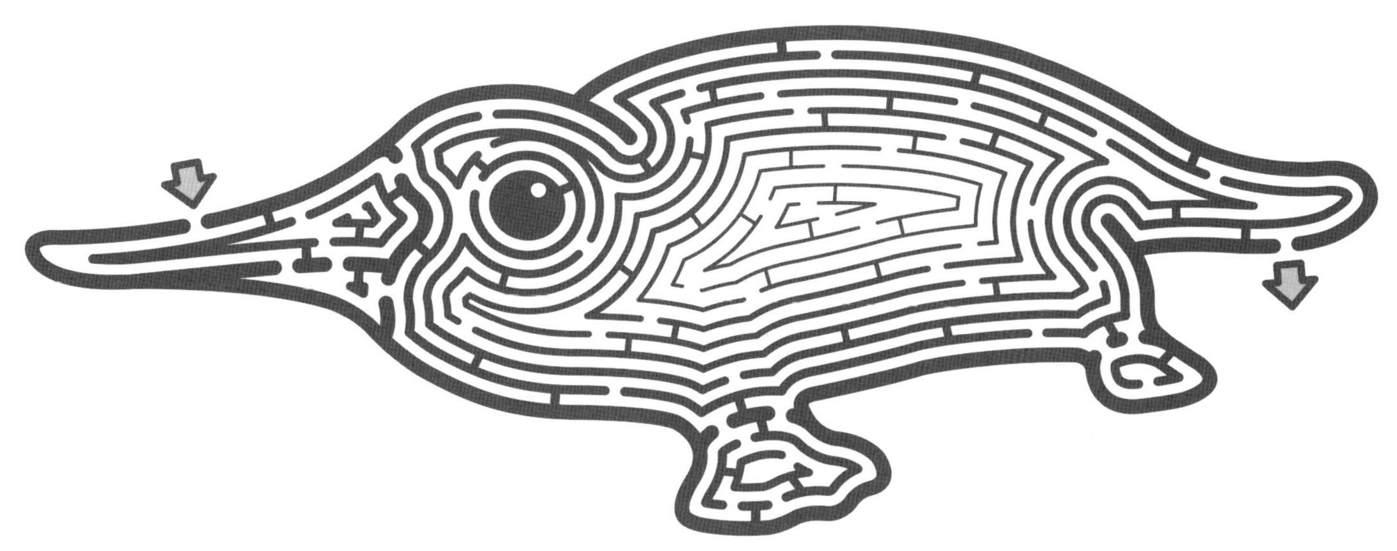

미어캣

서식지

남아프리카

크기

약 50㎝

만화영화 '라이온킹'에 나오는 티몬으로도 유명하다. 몸길이가 50㎝ 정도인데, 그 중 꼬리가 20㎝쯤 된다. 앞발의 구부러진 강한 발톱이 굴을 파기에 알맞고, 뒷다리는 짤막하다. 많은 수가 무리 지어 굴속에 사는데 통로와 입구가 많다. 각자 역할이 있는데, 낮에는 굴에서 지내지 않고 두 발로 서서 햇볕을 자주 쬔다. 주식인 전갈 잡는 법을 새끼들에게 가르치기도 한다.

서식지 아프리카

크기 약 2m

수컷은 머리높이 2.1m, 몸무게는 90~120kg에 이른다. 시속 90㎞로 달릴 수 있는 하체 근력이 매우 강하다. 타조는 몸으로 위험을 느끼면 모래 사이에 머리를 처박는다. 겁나서가 아니라 땅에서 전해지는 소리를 듣고 주변 상황을 알리기 위한 행동이다. 사자보다 달리는 속도가 빠르며, 치타보다 지구력이 뛰어나다. 때로는 강력한 다리로 위협하는 적을 차기도 한다.

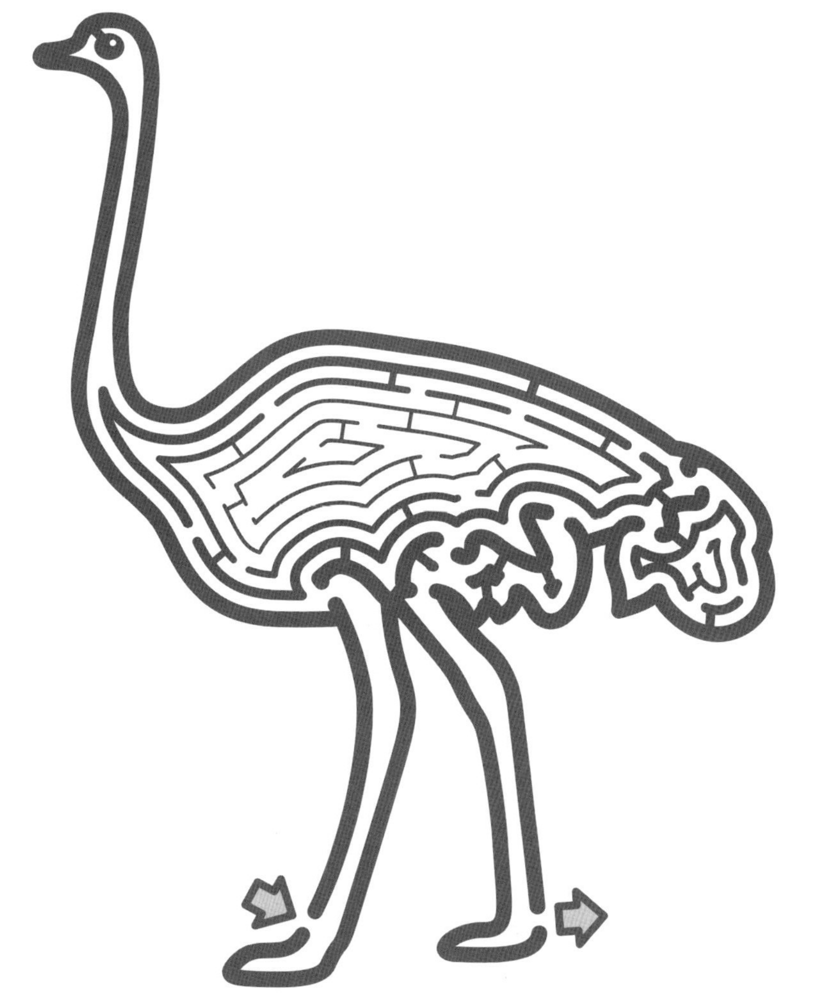

난이도 ★★★★

악어

서식지: 아프리카, 아메리카, 아시아, 오세아니아

크기: 약 4m

악어는 씹지는 못하고 물을 수만 있다. 일명 '악어 트위스트'로 잡은 동물을 빙글 돌리면서 몸통을 통째로 먹는다. 주로 물가에 매복했다가 물을 마시는 누, 얼룩말, 들소 등을 사냥한다. 흔히 거짓 눈물이나 위선적인 행동을 두고 '악어의 눈물'이라는 표현을 쓰는데, 이집트의 나일강 악어가 사람을 잡아먹고 난 뒤 눈물을 흘린다는 고대 서양전설에서 유래하였다.

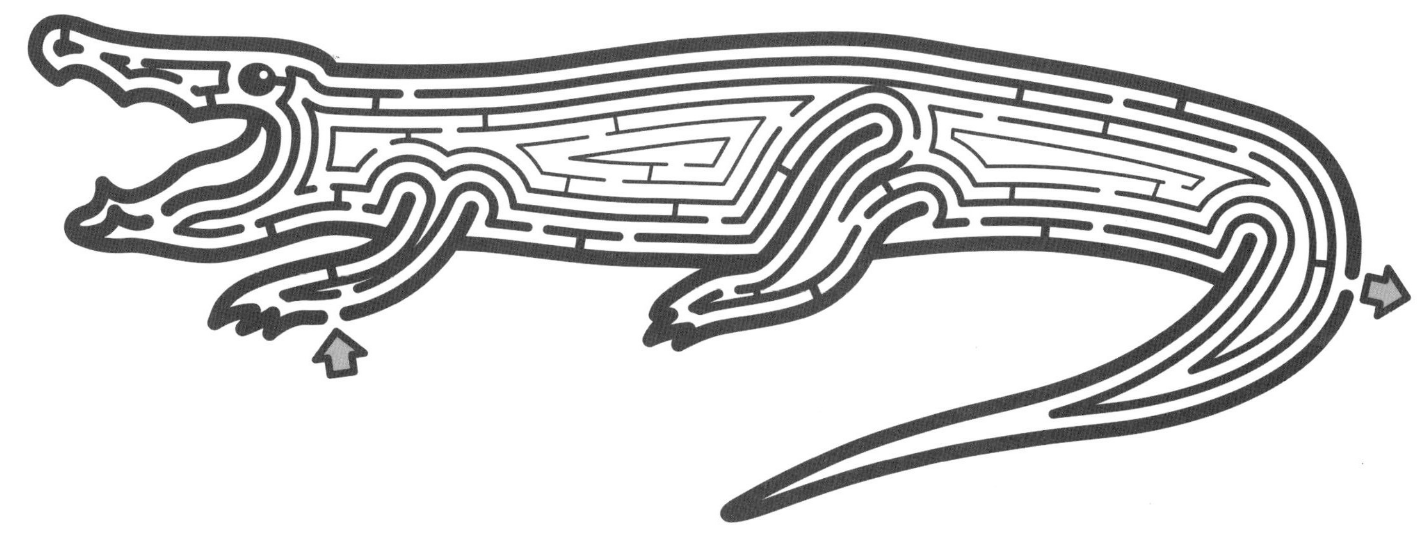

카멜레온

서식지	아시아, 아프리카, 마다가스카르
크기	약 50㎝

피부색을 자유롭게 바꾸는 것으로 유명하다. 물리적이고 심리적인 영향으로 보통 주변 환경에 맞춘다. 빛 노출과 주위 온도에 반응해 색이 변하고, 색으로 감정을 표현하기도 한다. 수컷과 암컷의 관계에 의해서도 색 변화를 유발한다. 38㎝까지 자라는 긴 혀를 사용해 순식간에 사냥한다. 그 모든 과정이 제트기 가속도의 약 4배 속도 정도인 짧은 순간에 일어난다.

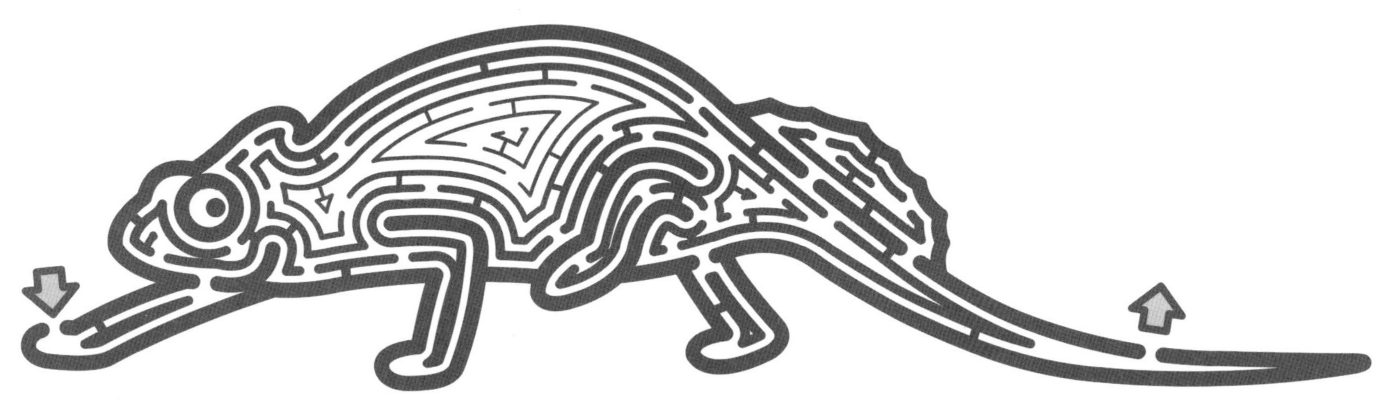

넓적부리 황새

서식지 아프리카

크기 약 140㎝

신장이 평균 100~140㎝에 달한다. 양쪽 날개를 펼치면 길이가 약 230~260㎝에 이른다. 주로 사냥할 때 사용하는 발가락은 길이가 18㎝ 이상이다. 다른 새들과 달리 좀처럼 울지 않고 부리를 격렬하게 개폐해서 동료에게 신호를 전한다. 물고기가 잠시 수면에 떠오르는 틈을 노려 재빠르게 사냥한다. 특히 사냥할 때 몇 시간을 움직이지 않고 기회를 엿보는 게 특징이다.

3단계

난이도

이번 단계에
각 동물 미로를
탐험하는 시간

6분

큰부리새

서식지 남아메리카, 중앙아메리카

크기 약 50㎝

몸의 3분의 2를 차지할 정도의 굵은 부리를 지녔다. 과일향 곡류를 좋아하는 것으로 알려져 있지만 실제로는 육식성 동물이다. 그래서 소형동물과 신선한 과일을 즐겨 먹는다. 큰부리새의 부리는 거추장스럽게 보이지만 과일을 따먹는 데 아주 유용하다. 큰부리새의 부리는 코가 아니다. 그래서 냄새를 맡는 역할을 하는 것도 아닌데 그 자체로 이국적인 느낌이 난다.

캥거루

서식지: 호주

크기: 약 150㎝

호주를 상징하는 동물로 화폐 일부나 군복의 표식으로도 사용된다. 새끼는 태어날 때 크기가 1㎝ 정도이다. 2~3개월 동안 엄마의 배에 있는 주머니 안에서 나오지 않고 30㎝ 정도로 클 때까지 지낸다. 뒷다리만을 이용해 깡충깡충 뛰면서 이동하며 꼬리는 균형을 잡는 역할을 한다. 단거리를 뛸 때는 시속 64㎞로 뛸 수 있고, 최대 10m 이상을 점프하기도 한다.

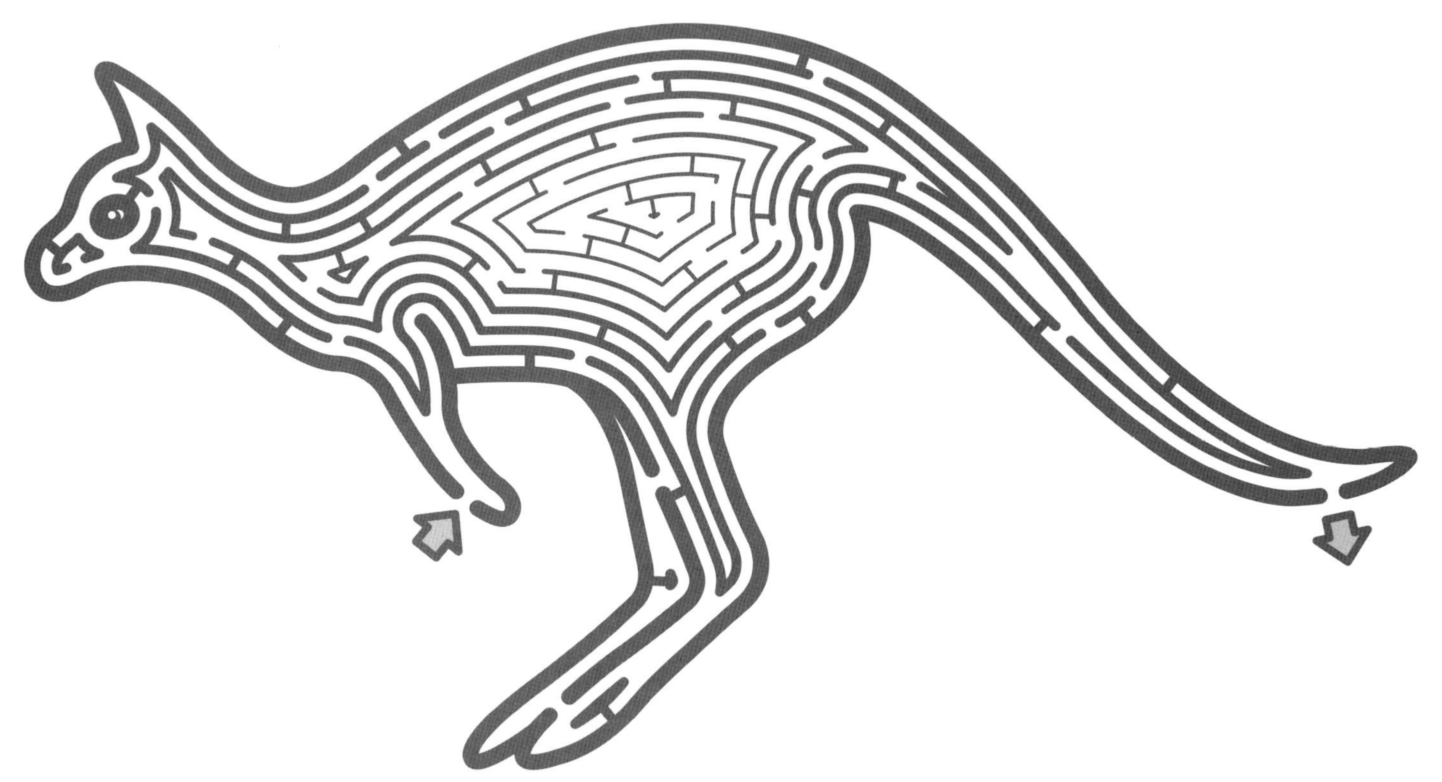

오카피

서식지 콩고

크기 약 2m

세계 3대 진귀한 동물에 꼽힌다. 20세기 영국 탐험가에 의해 처음 발견되었다. 기린과에 속하는 포유류로 엉덩이와 다리의 줄무늬가 특징으로 긴 혀로 나뭇잎을 먹는다. 얼룩무늬 때문에 얼룩말과 관계있는 것으로 오해받는데, 실제로는 기린에 더 가깝다. 아프리카 국가 중 콩고의 상징으로 알려졌고, 화폐 도안으로도 사용되었다. 현재 멸종위기종으로 보호받고 있다.

날쥐

서식지 남아프리카

크기 약 15㎝

날쥐라는 이름과 별도로 귀 길이가 약 8㎝나 되다보니 날토끼 혹은 뜀토끼로도 불린다. 그렇지만 실제 토끼종은 아니고 설치류이다. 주로 사막 같은 건조한 곳에 사는데, 일반 쥐와 달리 매우 귀엽게 생겼다. 캥거루처럼 앞다리는 작지만 뒷다리는 크고 잘 발달되어 2m 이상 뛰어오른다. 낮에는 땅굴 속에 숨어 지내다가 밤이 되면 활동을 시작한다.

코알라

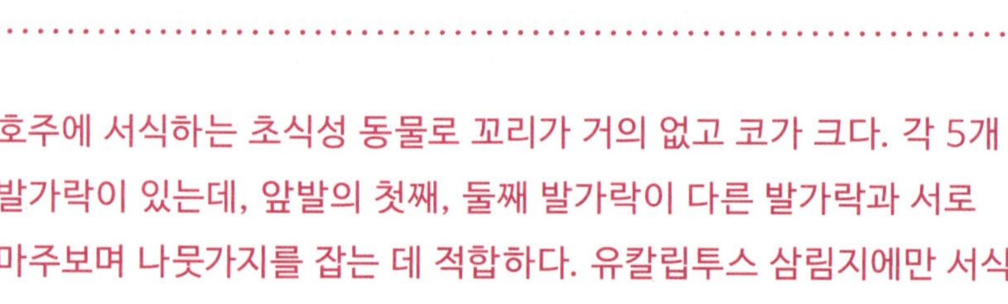

서식지: 호주

크기: 약 70㎝

호주에 서식하는 초식성 동물로 꼬리가 거의 없고 코가 크다. 각 5개 발가락이 있는데, 앞발의 첫째, 둘째 발가락이 다른 발가락과 서로 마주보며 나뭇가지를 잡는 데 적합하다. 유칼립투스 삼림지에만 서식하며, 이 나무 잎들이 식단의 대부분이다. 그런데 유칼립투스만으로는 칼로리가 적어 하루에 20시간 잠을 자면서 체력을 유지한다. 수명은 15~20년 정도이다.

갈라파고스 코끼리거북

서식지: 갈라파고스

크기: 약 1m

몸길이가 평균 1m를 넘고 무게는 400~500㎏이나 나간다. 등껍질은 세로로 길쭉한 육각형 등고선 모양이고 가운데 부분이 볼록하게 나와 있다. 시속 0.2㎞로 느리게 움직이지만 하루에 6㎞를 갈 수 있다. 냉혈 동물이기 때문에 1~2시간 정도 일광욕을 한다. 선인장 잎사귀나 열매를 매우 좋아하는데, 몸 안에 먹이와 물을 저장할 수 있어 1년 동안 먹지 않고도 생존할 수 있다.

알파카

서식지 남아메리카

크기 약 1m

귀엽게 생겨서 인기가 높지만 기분이 안 좋으면 침을 뱉는 특성이 있다. 혹 없는 낙타과 동물로 페루, 볼리비아의 해발 4천~5천m 안데스 산악지대에 많이 분포한다. 혈액의 산소 운반 능력이 높아서 산소가 부족한 고산지대에서 살기가 적합하다. 알파카털은 양털보다 가늘고 곧아 따뜻하고 부드러운 직물을 만드는 데 매우 유용하다. 한 해 3㎏ 이상의 털을 얻을 수 있다.

황제펭귄

서식지 남극

크기 약 120㎝

지구상의 펭귄들 중에서 가장 키가 크고 체중이 많이 나간다. 다 자라면 최고 122㎝에 몸무게는 22~37㎏에 이른다. 다른 펭귄들과 마찬가지로 황제펭귄 역시 날지 못한다. 주식은 물고기로 사냥할 때 최대 수심 535m까지 내려가며, 물속에서 18분까지 버틸 수 있다. 남극의 겨울에 알을 낳는 유일한 종으로, 50~120㎞를 걸어 새끼들을 키우는 군집장소까지 이동한다.

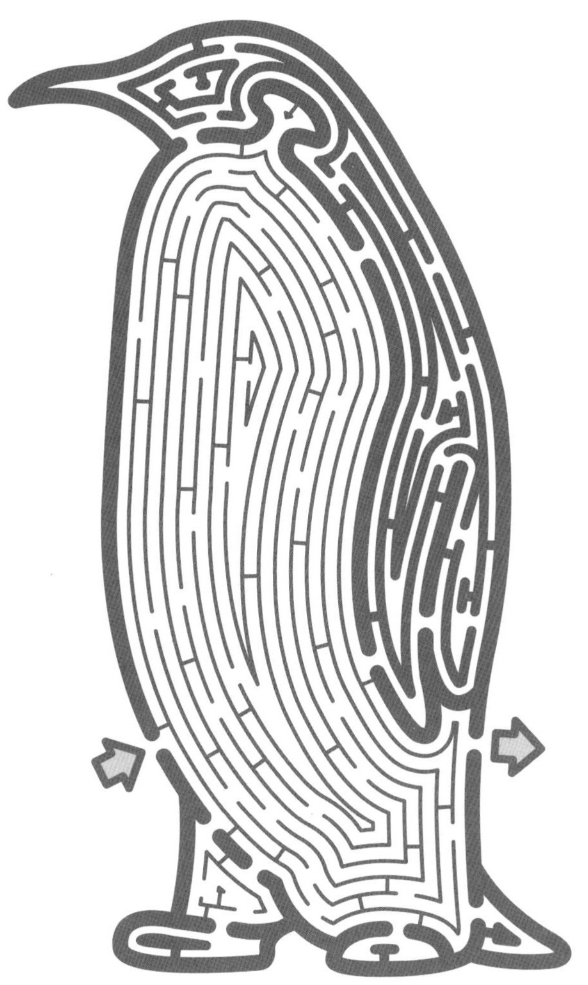

얼룩말

서식지: 아프리카

크기: 약 3m

가장 큰 특징인 흑백 줄무늬는 사람의 지문처럼 개체마다 다 달라서 똑같은 무늬가 없다. 이런 줄무늬 때문에 천적들에게 눈에 더 잘 띄지 않을까 싶다. 그러나 사자나 하이에나는 나무나 풀이 흑백으로 보이기 때문에 얼룩말이 숲에 들어가면 오히려 구분이 어렵다고 한다. 대규모로 무리지어 살고, 성질이 매우 사납기 때문에 사육이 불가능한 것으로 알려져 있다.

난이도 ☆★★★

벵골호랑이

서식지 인도, 동남아시아

크기 약 3m

네팔, 인도, 방글라데시 등에 분포하고 갈색에 검은 줄무늬 털을 가졌다. 간혹 돌연변이인 흰색에 검은 줄무늬 백호가 태어나기도 한다. 임신기간은 105일이며 새끼는 1~5마리를 낳는다. 18개월 정도면 독립생활을 하는데, 수컷은 16시간이나 낮잠을 자면서 시간을 보낸다. 사슴, 멧돼지, 영양 등을 주로 사냥해 먹지만 간혹 지역 주민을 공격하는 사고가 종종 발생한다.

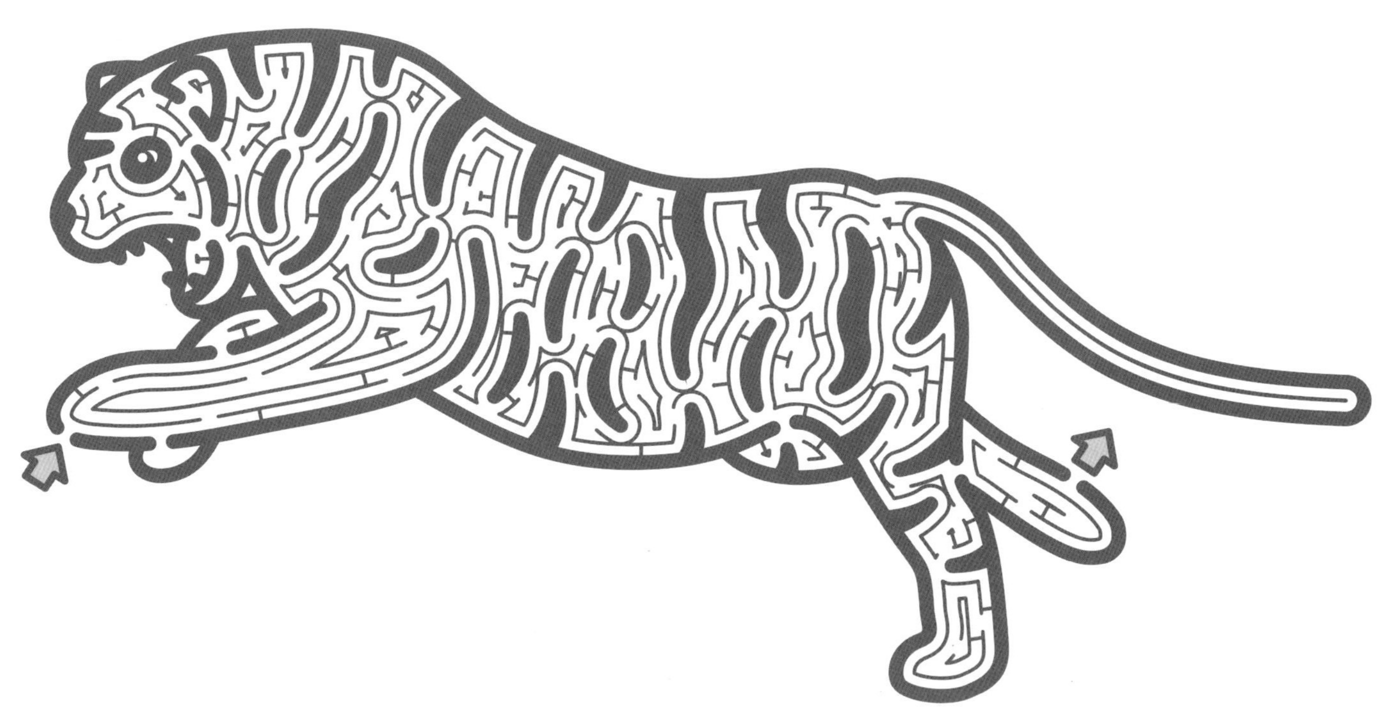

서식지: 북동아시아

크기: 약 3m

북동아시아 초원에 서식하는 낙타의 한 갈래이다. 단봉낙타와 달리 두개의 혹이 있으며, 사막에 대비해 영양분을 혹에 비축한다. 사지는 굵고 짧으며 털은 길고 빽빽하다. 발바닥은 단단하여 바위나 자갈이 많은 구릉지 이동에 적합하다. 새끼는 날 때부터 눈을 뜨고, 태어난 지 몇 시간이 지나면 달릴 수 있다. 새끼와 어미는 몇 년을 함께 지낸다. 다만, 멸종 위기에 있다.

일본여우

서식지 일본

크기 약 50㎝

사회적 동물로 새끼 양육을 전담하는 한 쌍의 암수가 가족 집단을 형성한다. 잡식성으로 작은 설치류가 주 먹잇감이고 토끼류, 꿩, 파충류 등도 잡아먹는다. 옛날부터 일본에서는 여우가 날씨까지 바꾸는 특별한 힘을 가졌다고 믿었다. 그래서 '여우가 시집간다(날씨가 맑은데 비가 오는 이상한 날씨)'라는 말이 회자된다. 묘하게도 같은 의미의 말이 유럽에도 전해지고 있다.

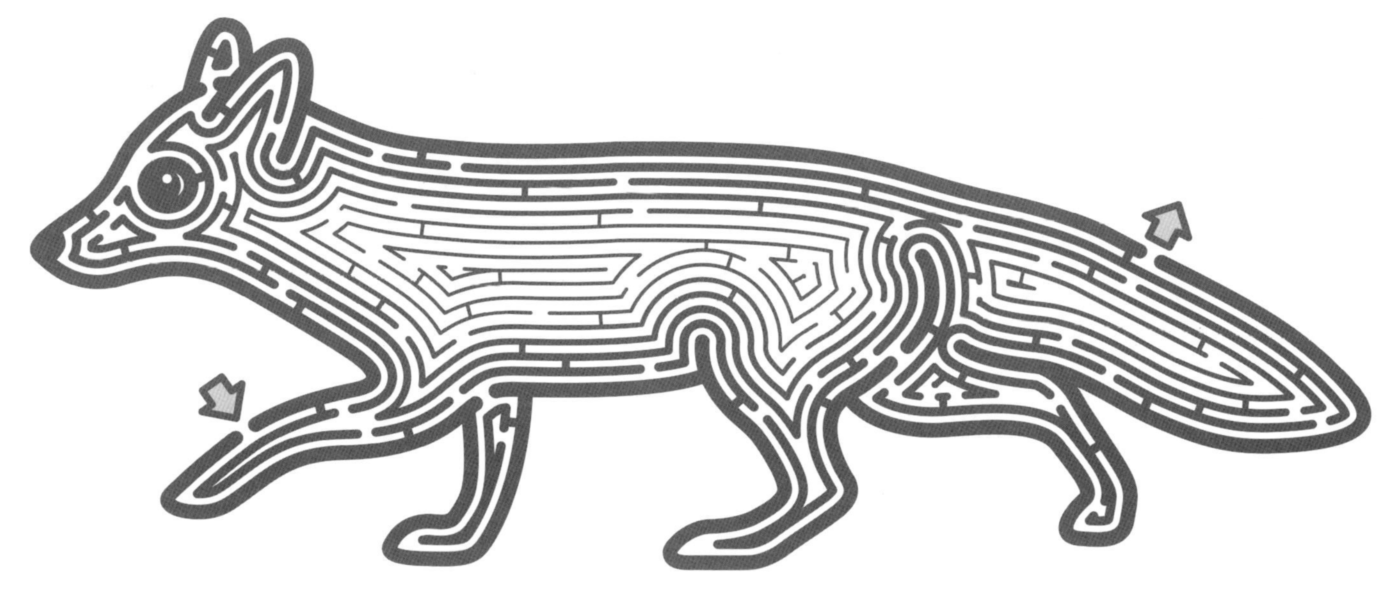

큰개미핥기

서식지: 남아메리카

크기: 약 2m

몸길이가 2m가 넘고 몸무게도 최대 65kg까지 나간다. 시력과 청각이 안 좋지만 후각이 대단히 발달되었다. 원통형인 주둥이가 매우 길다. 개미와 흰개미를 주로 먹는다. 혀 길이가 약 60㎝에 이르지만 너비는 1.2㎝로 좁다. 끈끈한 타액이 묻은 긴 혀를 개미 서식처에 길게 집어넣고 혼란에 빠진 개미들을 쓸어 담듯 잡아채서 먹는다. 그 수가 1일 3만 마리에 이를 정도다.

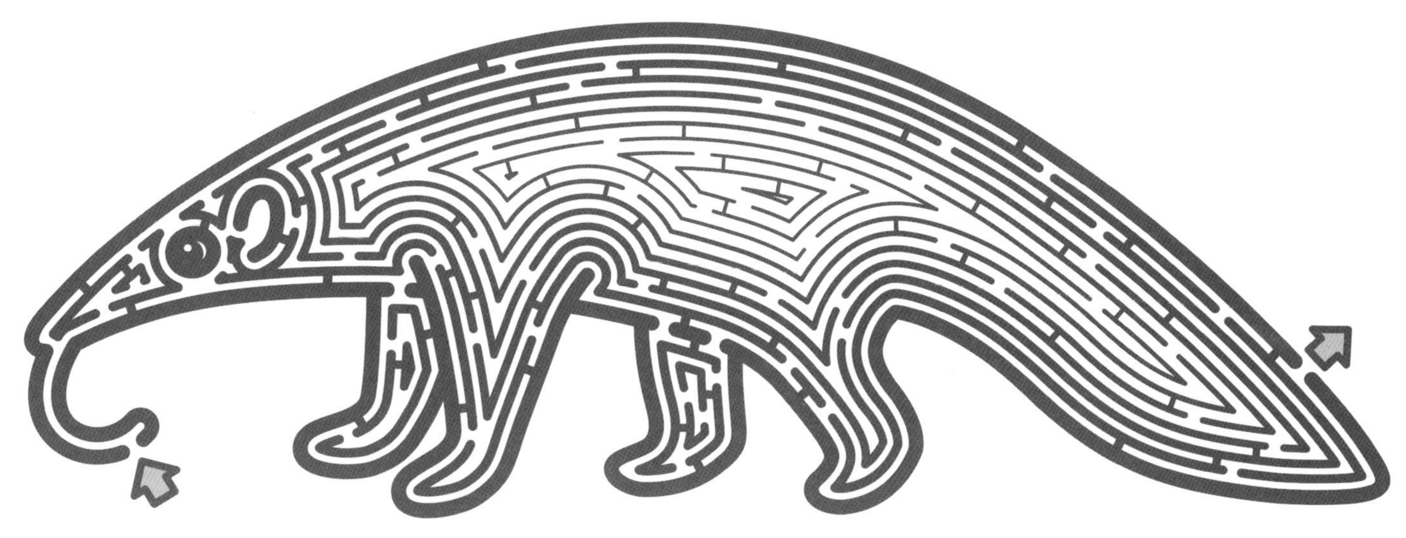

4 단계

난이도

이번 단계에
각 동물 미로를
탐험하는 시간

8분

카피바라

서식지 남아메리카

크기 약 1m

남아메리카 동부 아마존강 유역의 온난한 물가에 서식하는 설치류이다. 이름에는 '초원의 주인'이라는 유래가 전해지나, 분류상 학명은 '물의 돼지'라는 의미를 지녔다. 앞발 발가락 4개와 뒷발 3개 발가락에는 작은 물갈퀴가 있어 헤엄을 능숙하게 친다. 포식자로부터 몸을 숨기기 위해 수중에서 5분 이상 잠수할 수 있다. 완전한 초식성으로 수명은 5~10년 정도이다.

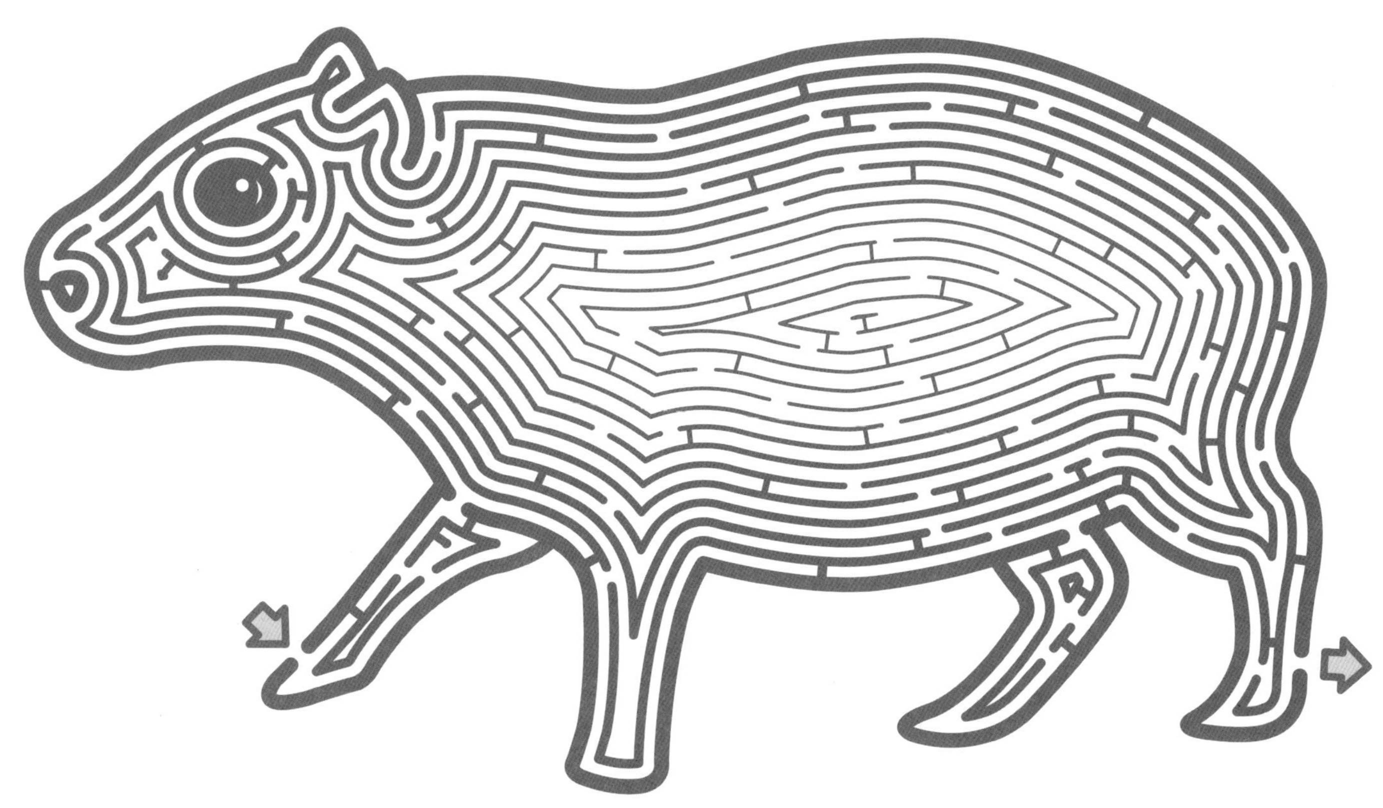

난이도 ★★★★

대왕판다

서식지 중국

크기 약 130㎝

국제적으로 중국을 상징하는 동물이다. 일생 대부분을 어슬렁거리거나 대나무 숲에서 먹으면서 시간을 보낸다. 식사의 99%는 대나무로 1일 평균 9~14㎏을 먹는데, 하루 최대 40회까지 배변을 본다. 대나무를 섭취해도 약간의 에너지와 단백질밖에 얻지 못해서 다른 곰과 달리 동면(추운 겨울을 견디지 위해 바위 구멍 같은 곳에서 봄까지 잠을 자는 것)을 하지 않는다.

서식지: 아메리카

크기: 약 50㎝

고약한 냄새로 유명한 포유동물이다. 몸길이 50㎝ 정도로 족제비와 비슷하고 네 다리가 튼튼하고 약간 길다. 항문 옆에 잘 발달된 항문선이 있어서 위험이 닥치면 강력한 악취가 나는 노란색 액체를 발사한다. 개중에는 이로 인해 죽는 경우도 있기 때문에 스컹크를 공격하는 동물은 별로 없다. 발가락에 긴 갈고리발톱이 있어 굴을 잘 파고 주로 밤에 활동한다.

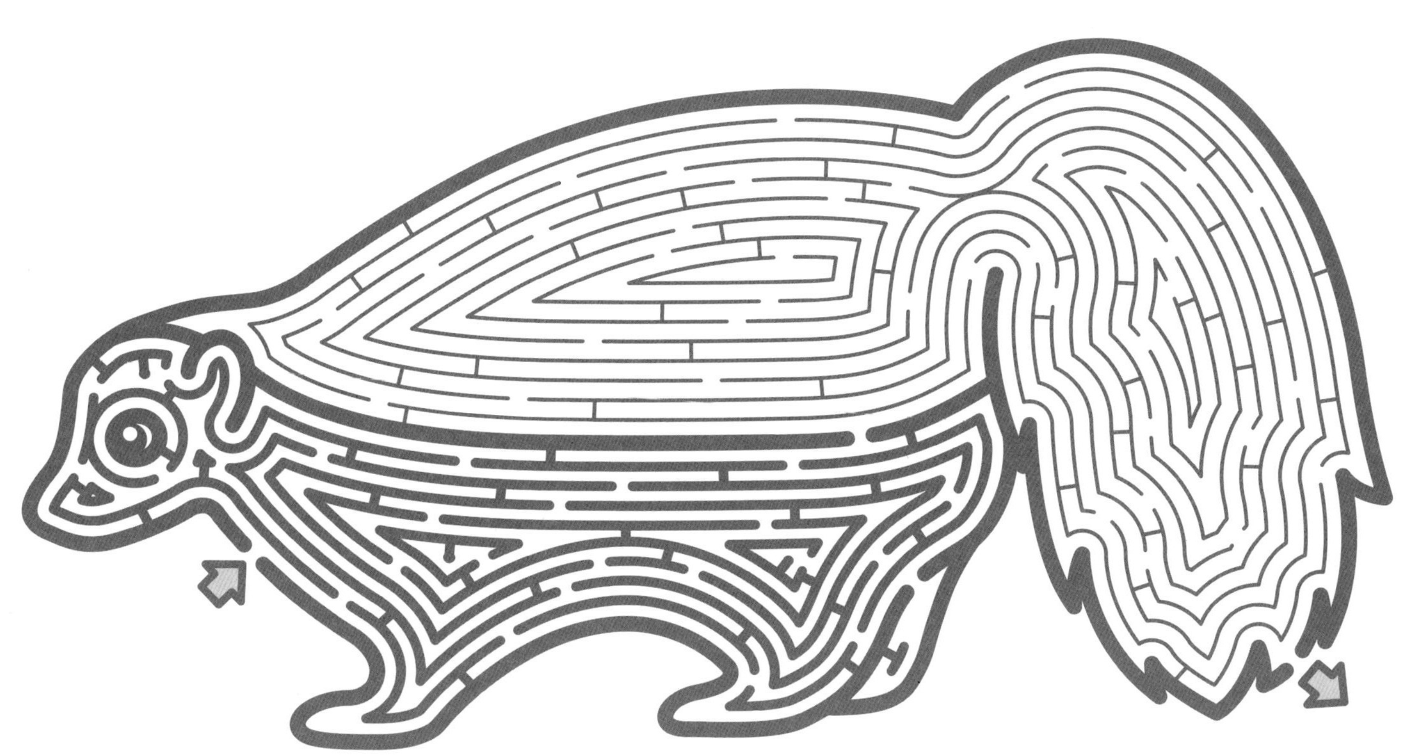

말레이맥

서식지 동남아시아

크기 약 2m

흰색과 검정 두 가지 색상 조합이 인상적이다. 보통 밤에 활동하는 야행성 동물로 오줌을 뿌려 자신의 행동범위를 표시한다. 호랑이도 함부로 건들지 못할 정도로 강해서 천적이 거의 없다. 다양한 식물을 먹는 초식성 동물로 말레이 반도 및 수마트라섬에 널리 서식했지만, 이제는 제한된 지역에만 분포한다. 서식지 상실과 밀렵으로 인해 멸종위기종에 놓인 상태이다.

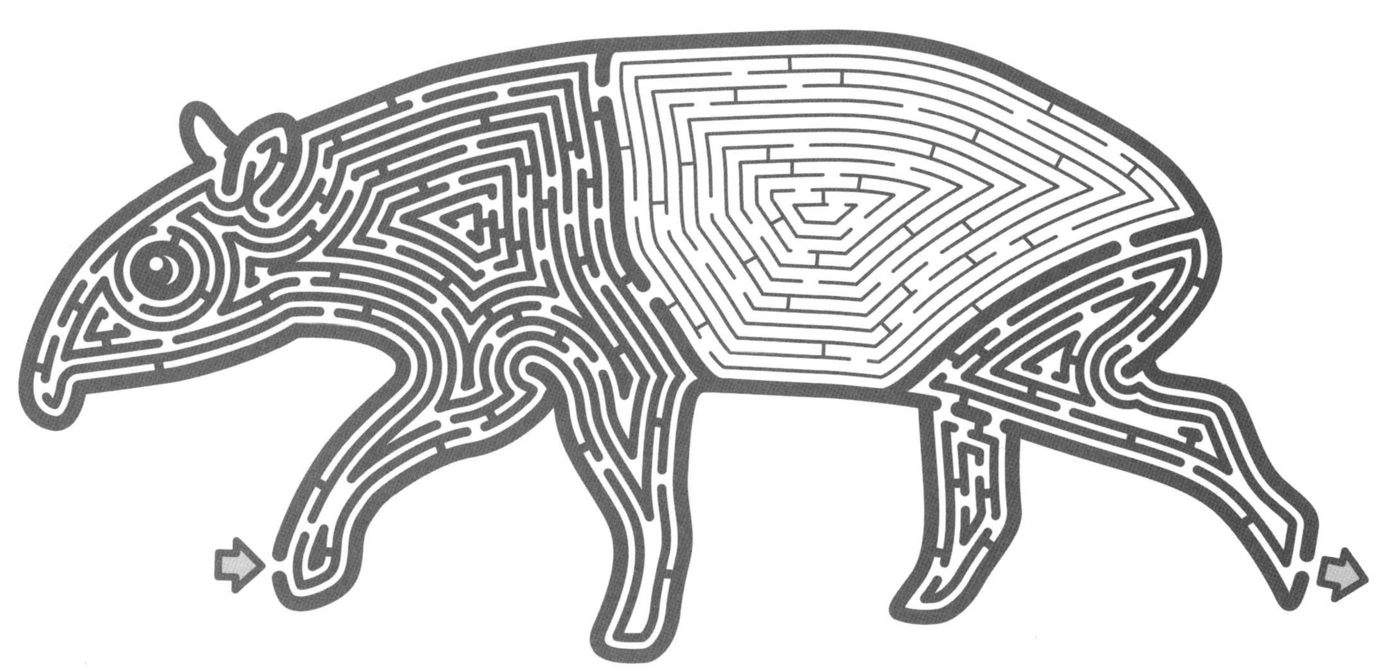

고릴라

서식지 아프리카

크기 약 170㎝

침팬지 다음으로 인간과 가장 유사한 동물이다. 사람과에 속하는 유인원으로 중부 아프리카에 주로 서식한다. 뒷발로 섰을 때 2~2.3m, 두 팔을 벌렸을 때 너비 약 3m, 몸무게는 150~290㎏에 이른다. 먹이는 버섯, 샐러리, 죽순나무의 연한 잎, 양치류 등 주로 섬유질이 많은 식물을 손으로 집어서 먹는다. 한 배에 한 마리를 낳는데 3년 정도까지는 어미 등에 업혀 다닌다.

다이아몬드 파이손

서식지: 남아시아

크기: 약 6m

전신에 다이아몬드형 무늬를 연속적으로 띠고 있는 세계 최대 크기의 뱀이다. 지금까지 발견된 뱀 중에는 길이가 10m가 넘는 것도 있다. 이처럼 긴 몸으로 먹이가 되는 대상을 순식간에 휘감고 졸라서 질식시킨 뒤 통째로 삼킨다. 크게 벌려지는 입으로 때로는 악어나 소 같은 동물을 삼키는 경우도 있다. 그로 인해 개중에는 질식사한 뱀도 종종 발견된다.

하늘다람쥐

서식지: 아시아, 호주

크기: 약 20㎝

'숲의 밀정'이라는 애칭을 가졌다. 깊은 밤이 되면 숲에서 먹이를 구하려고 날라 다닌다. 날개가 달린 게 아니라 앞발과 뒷발 사이 비막이 이어져 다리를 뻗치면 이 막이 펼쳐지면서 글라이더처럼 활공한다. 넓적하고 평평한 꼬리로 비행 방향을 조절하는데, 한번에 20m 이상도 날 수 있다. 자연적으로 생겼거나 딱따구리가 파 놓은 나무 구멍 속에서 주로 생활한다.

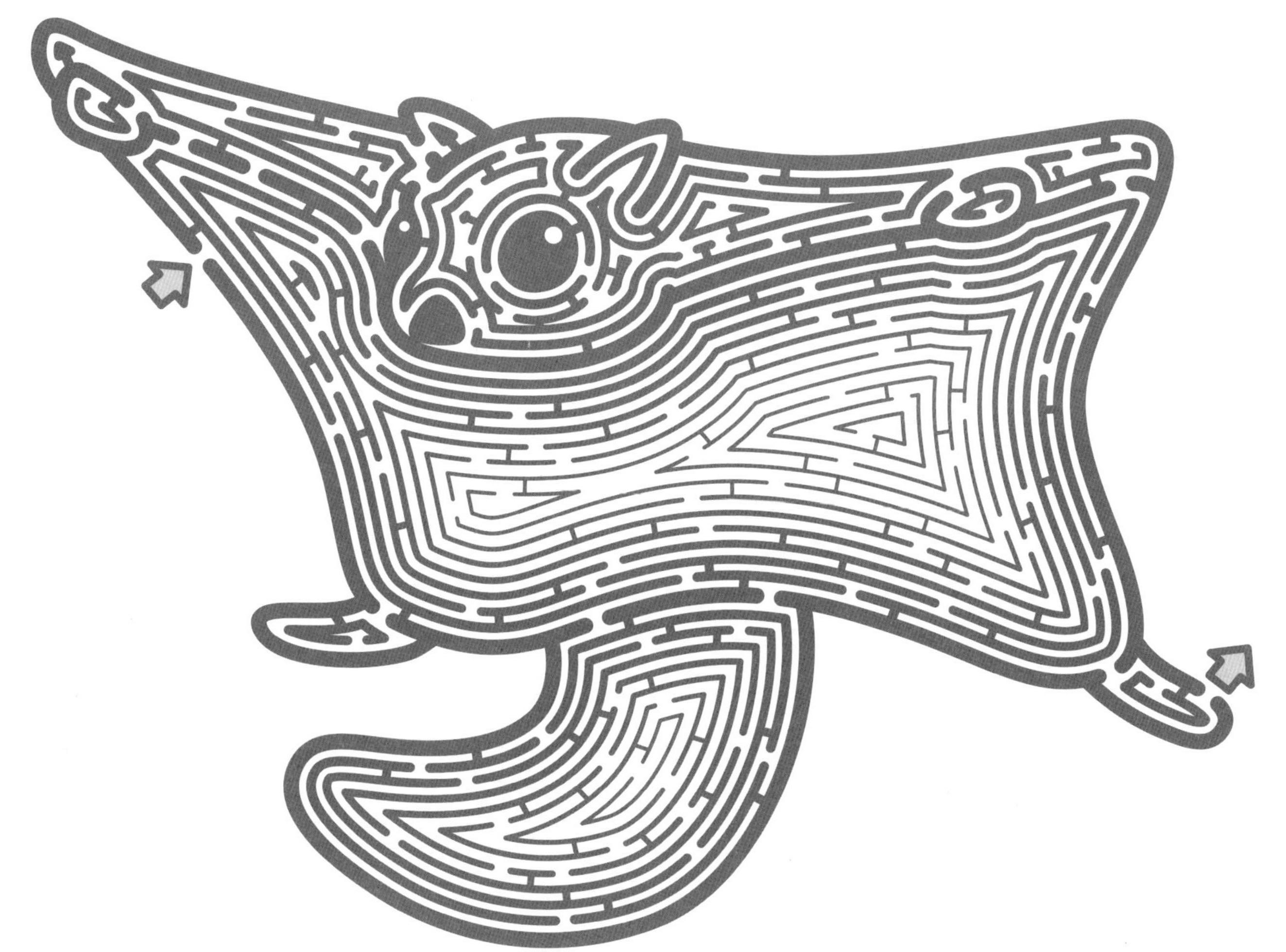

서식지: 아프리카, 아라비아 반도, 동남아시아

크기: 약 140㎝

멸종1급 고양이과 동물로 환경에 대한 적응력이 뛰어나며 덩치도 호랑이, 사자, 재규어 다음으로 크다. 몸을 땅바닥에 붙이듯이 숙이고 소리 없이 사냥감에 접근한 후 뒷덜미나 목을 물어 죽인다. 먹이를 잡아도 사자나 하이에나, 호랑이에게 빼앗기는 일이 종종 있어 나무 위로 운반하여 먹기도 한다. 나무 위에서 원숭이를 잡을 수 있을 정도로 나무를 잘 탄다.

서식지: 오세아니아와 극지방을 제외한 전세계

크기: 약 30㎝

한반도에 사는 다람쥐와 북아메리카, 유럽의 하늘다람쥐과 등을 통틀어 '다람쥐'로 분류된다. 나무에 살고 잣을 주로 먹는 청설모와 달리 다람쥐는 주로 땅 위에서 생활하고 도토리를 주식으로 한다. 다람쥐는 나무열매를 여러 곳에 숨기는 습성이 있는데, 간혹 숨긴 장소를 까먹는 경우가 종종 있다. 그러나 거기서 새로운 싹이 나서 숲이 자라는 동력이 되기도 한다.

서식지

전세계 분포

크기

약 1m

사실 소와 사촌쯤 되는 동물이다. 온순한 성격의 사람을 양 같다고 표현하지만 실제로 양은 억세고 사나운 편이다. 무리를 지어 살며, 높은 곳에 오르기를 좋아한다. 뿔은 종류에 따라 암수 모두 있거나, 모두 없거나, 수컷에만 있거나 한다. 뿔의 모양이 항상 바깥쪽으로 구부러져 생기는데, 대개 수컷의 뿔이 큰 편이다. 수명은 7~10년 정도이다.

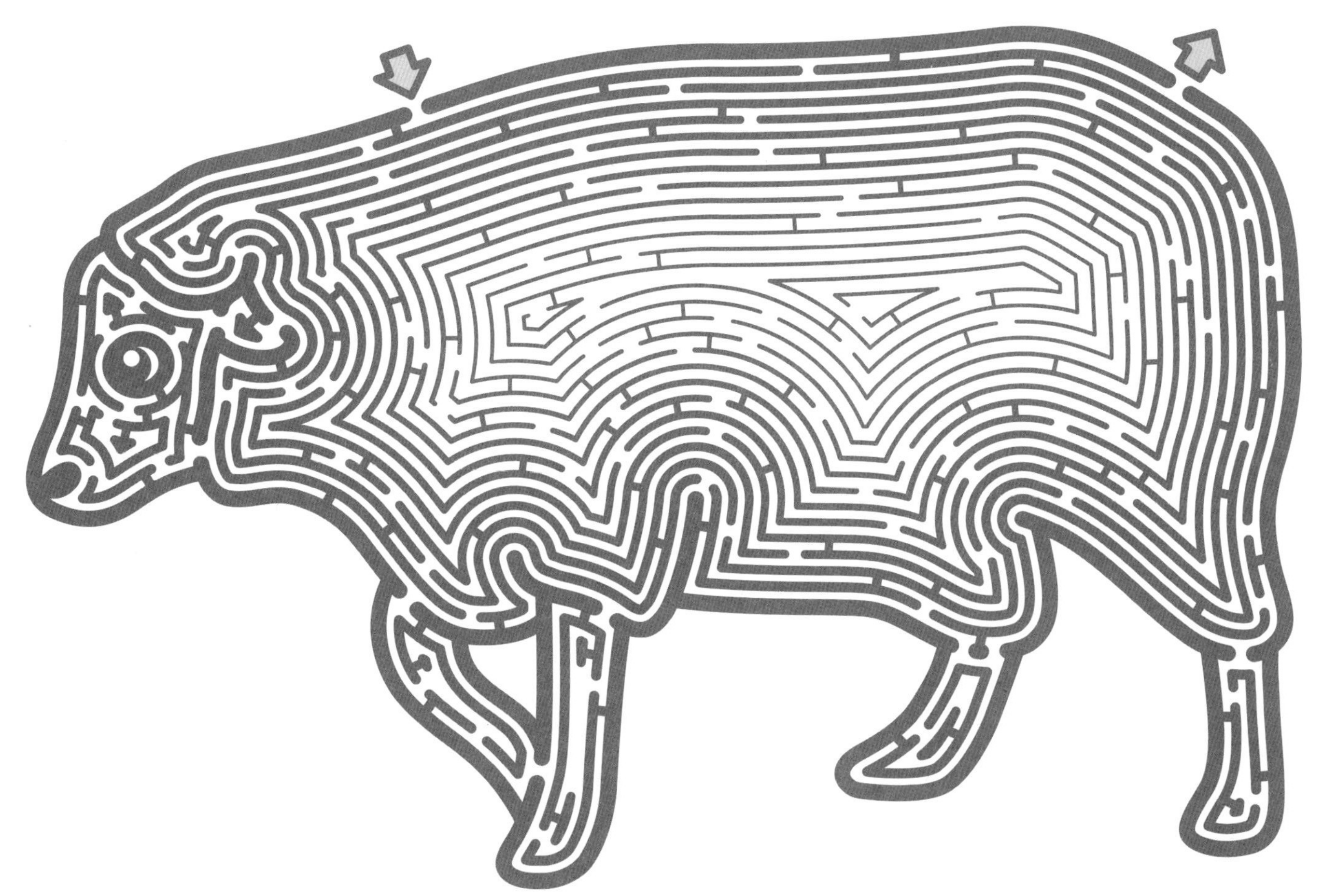

난이도 ★★★★

굴토끼

서식지: 많은 나라에 분포

크기: 약 30㎝

굴토끼는 흔히 유럽토끼를 말한다. 남극과 사하라사막 이남 아프리카를 제외한 모든 대륙의 많은 나라에 도입되어 환경과 생태계 파괴 등 많은 문제를 일으켰다. 번식력이 강해 1년에 30마리의 새끼를 낳는다. 그물망과 같이 상호 연결되어 있는 땅굴을 파는 것으로 알려져 있다. 먹이를 찾는 시간을 제외하고 대부분 굴을 파면서 일과를 보낸다.

바다코끼리

서식지 북극

크기 약 3m

북극 연안 차가운 바다에 사는 몸무게 2톤까지 나가는 포유류이다. 수컷에 발달하는 기다란 상아가 코끼리와 흡사하여 바다코끼리라는 이름이 지어졌다. 겨울과 봄에는 물에 떠가는 큰 빙판을 따라 떠돌며, 여름에는 일부가 바닷가에 모여들기도 한다. 에스키모인은 바다코끼리를 사냥해 고기는 먹고 가죽으로 배를 만든다. 또 기름은 난로를 피우고 불을 밝히는 데 사용한다.

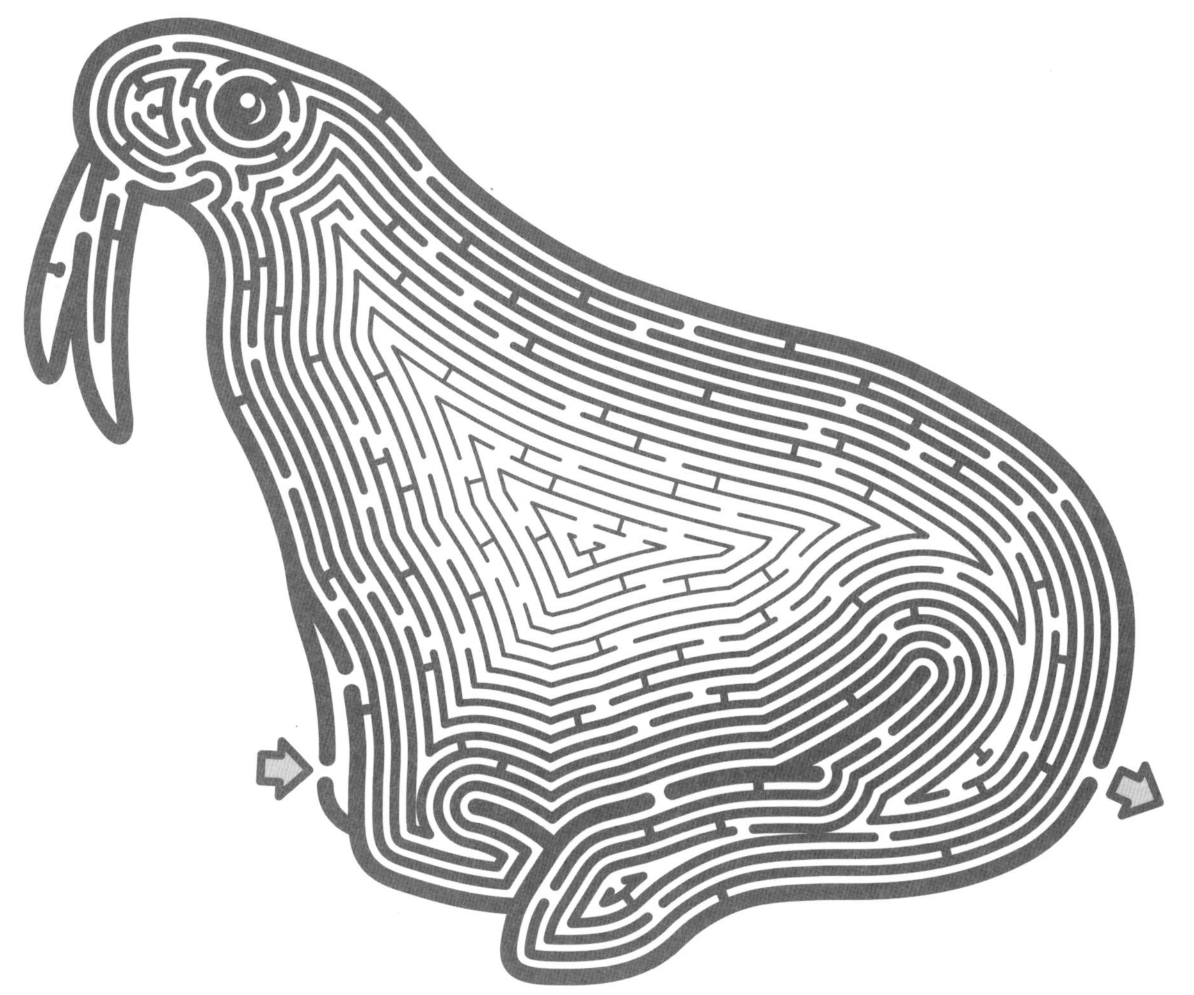

흰머리독수리

서식지 북아메리카

크기 약 3m (날개를 폈을 때 길이)

암수가 짝을 이루면 평생 함께 살아가는 북아메리카 맹금류로 미국의 상징물인 새이다. 미국 원주민인 아메리칸 인디언들은 신성한 동물로 숭배했으며, 머리와 옷 등에 장식의 소재로 사용하기도 하였다. 그러나 미국의 정치가, 외교관, 저술가, 물리학자로 유명한 100달러 지폐 초상의 주인공인 벤저민 프랭클린은 흰머리독수리를 나라 새로 지정하는 데 반대했다고 한다.

서식지: 아프리카, 남아시아

크기: 약 2m

‘백수의 왕’으로 불린다. 한 마리 수컷이 여러 암컷들을 거느리는 습성으로 인해 왕권의 상징처럼 인식되었다. 수컷은 유난히 잠이 많다. 하루에 20시간을 자거나 쉬면서 보내는데, 암컷들은 하루 종일 사냥을 한다. 우두머리 수컷은 영역을 침범한 다른 수사자와 힘겨루기 할 때만 용맹하다. 그런데 새로운 수컷이 이기면 어린 사자의 25% 정도가 죽임을 당하기도 한다.

참고 문헌 & 사이트

소학관의 도감 NEO · 동물 / 학연의 도감 증보 개정판 동물
놀라운 세계 야생 동물 생태 도감 / 일본과 세계의 동물원 Zoo 가이드
만약의 도감 동물 대결전 / 갈라파고스 자연사
고릴라는 싸우지 않는다 / 세계 희귀 동물도감
펭귄은 왜 연미복을 입고 있는 것인가 / 더 캥거루 쥐
그 상식은 상반된 결과가 있다! / 내셔널 지오그래픽 일본판
도쿄 동물도감 / 후쿠야마 시립동물원 홈페이지
우에노 동물원 UENO-PANDA.JP

- http://natgeo.nikkeibp.co.jp/atcl/news/16/010700004/
- https://www.excite.co.jp/News/odd/Karapaia_52180114.html
- https://nzlife.net/archives/6214
- https://kikenseibutsu.info/ornithorhynchus-anatinus-35k/
- http://www.asahi.com/travel/imasara/TKY200911020275.html
- http://www.bayfm.co.jp/flint/20100516.html
- http://www.ntv.co.jp/megaten//archive/library/date/04/10/1010.html
- http://www.ntv.co.jp/megaten/archive/library/date/13/09/0915.html
- https://www.news-postseven.com/archives/20180501_670340.html

동물원 미로 찾기

초판 1쇄 발행 2020년 8월 18일

지은이	요시카와 메이로	**출력**	㈜삼보프로세스
발행인	이 심	**인쇄**	북스
편집인	임병기	**용지**	영은페이퍼(주)
편집	김연정, 조성일, 신기영		
디자인	유정화	**발행처**	㈜주택문화사
마케팅	서병찬	**출판등록번호**	제13-177호
총판	장성진	**주소**	서울시 강서구 강서로 46 우리벤처타운 6층
관리	이미경	**전화**	02-2664-7114
		팩스	02-2662-0847
		홈페이지	www.uujj.co.kr

정가 7,500원

ISBN 978-89-6603-059-0

이 도서의 국립중앙도서관 출판예정도서목록(CIP)은 서지정보유통지원시스템 홈페이지(http://seoji.nl.go.kr)와 국가자료종합목록 구축시스템(http://kolisnet.nl.go.kr)에서 이용하실 수 있습니다. (CIP제어번호 : CIP2020033589)

저자&일러스트레이터 **요시카와 메이로**

1976년생으로 일본 사이타마현에서 태어났다. 미로 크리에이터이자 일러스트레이터이다. 무료 미로 찾기 사이트인 「迷路.jp」를 운영하고 있다. 그의 트위터에서 공개한 '콜라보 미로'가 일본에서 크게 화제가 된 바가 있다. 그 후 여러 요청과 협업이 이어지면서 다양한 스타일의 미로 일러스트 작업과 프로젝트를 선보이고 있다.

http://迷路.jp | Twitter@MeiroJP

번역 **박영훈**

일본 문화에 대한 깊은 관심이 언어 습득과 탐구, 수련의 계기가 되었다.
우리 아이들이 보다 재미있는 다양한 콘텐츠와 놀이 문화를 접하고 즐길 수 있기를 희망한다.